AF561932

LA VÉRITÉ AU PEUPLE.

RÉFLEXIONS

DE M. LE DUC

DE LA ROCHEFOUCAULD DOUDEAUVILLE,

INSÉRÉES

DANS LA *GAZETTE DE FRANCE* ET *LE DÉFENSEUR DU PEUPLE*,
ET RÉPÉTÉES DANS PLUSIEURS JOURNAUX DE PROVINCE.

SECONDE ÉDITION,

augmentée de cinq nouveaux articles et de la lettre
de M. le comte de Chambord.

PARIS,

IMPRIMERIE DE POUSSIELGUE,

RUE CROIX-DES-PETITS-CHAMPS, 29.

1851

LA VÉRITÉ AU PEUPLE.

Ce que sont les légitimistes du droit national.

Armainvilliers, 14 décembre 1850.

Peuple, écoute la voix de ceux qui n'ont jamais eu d'autre intérêt que le tien; et qui, sans craindre de déplaire même aux puissants de la terre, leur ont nettement présenté la vérité, comme ils te la disent à toi-même.

Ne sois pas sourd à cette voix, qui est celle de la conscience et du cœur.

Le christianisme a brisé ton esclavage; et c'est au principe que nous défendons que tu dois toutes les libertés dont tu jouis.

Si tu paies l'impôt, nous voulons que tu contribues à nommer ceux qui te l'imposent.

Nous demandons pour tes enfants une éducation libre et chrétienne, parcequ'elle seule peut assurer leur bonheur et ton repos.

Nous voulons que les provinces, débarrassées d'un joug qui les écrase, s'administrent elles-mêmes.

Nous désirons que le pouvoir soit assez fort pour ne pas craindre de t'accorder toutes les franchises qui sont dans ton intérêt, et dans ton droit.

Nous réclamons partout de grandes et *sévères* économies, afin d'arriver à alléger tes charges par la diminution des impôts.

Nous aspirons après l'ordre et la fixité en toute chose; parceque sans cela, tous les intérêts sont en souffrance.

La Restauration avait rétabli les finances, et ta prospérité faisait l'envie de nos voisins. Où en sommes-nous maintenant?

Elle parlait haut, parceque sa confiance était en toi, et sa racine dans le sol.

L'usurpation, en augmentant toutes les charges d'une manière effrayante, a laissé d'épouvantables déficits. Sa position en dehors de tous les principes, l'a forcée à employer tous les moyens pour te corrompre, au lieu de faire enseigner partout une morale chrétienne qui condamne le rapt et la félonie.

La République n'a fait qu'aggraver tes maux, en jetant partout l'incertitude et le désordre; et en rendant encore plus profond l'abîme qu'elle creuse sous tes pas. En conspirant elle-même, elle a ouvert la lice à toutes les conspirations. Que peux-tu encore attendre de son passage, si ce n'est ta ruine complète?

S'il est ordonné de se soumettre, il est permis de réfléchir.

Peuple, reviens à la foi de tes pères; reviens au principe d'ordre, de prospérité, d'indépendance et de grandeur qui assura ta prospérité en faisant ta gloire. Vois ton passé, et espère de l'avenir.

Tous les gouvernements qui s'imposent, ne peuvent exister, en causant ta ruine, que par le despotisme et l'arbitraire.

La légitimité ne peut vivre que de libertés. Ses intérêts sont inhérents à ceux des populations.

Peuple, choisis donc, et ne crains plus d'exprimer une volonté qui sera également le salut de tous, de ceux qui t'exploitent comme de ceux qui veulent avant tout la reconnaissance de tes droits.

Coup d'œil rétrospectif.

Paris, le 25 décembre 1850.

Peuple! c'est à toi que je m'adresse avec confiance, parceque j'ai foi dans ta loyauté comme dans ta sagesse.

Arrière ceux qui ont cherché à te corrompre pour t'asservir, à te flatter pour te séduire par des espérances mensongères et absurdes.

Qu'il soit permis à une voix amie, qui n'a jamais pris la plume ou la parole que pour soutenir tes intérêts, et défendre tes droits, de chercher à t'éclairer.

Tu sauras entendre la vérité, car tu aimes la lumière!

Il faut, avant tout, s'entendre sur ce mot : *Peuple!*

Loin de moi de compter sur cette tourbe démoralisée qui ne respire que trouble, et n'aspire qu'après le désordre. Celle-là encore, je voudrais l'arracher, malgré elle, aux prisons et aux bagnes qu'elle peuple, et à l'échafaud qui l'attend.

Si les lois humaines, toujours impuissantes, ne savent que punir, la religion seule peut prévenir le crime, en rendant à la vertu et au repentir le cœur le plus corrompu.

En m'adressant au peuple, j'entends la portion la plus nombreuse et la plus sage de la nation, celle qui n'aspire qu'après le repos et le bien-être :

« Qui a le plus de bon sens? disait un homme d'esprit : c'est tout le monde. »

Eh bien! tout ce monde, c'est le peuple qu'il est utile d'éclairer, mais dont, *en définitive*, la raison est saine, et le jugement certain;

Le peuple, dont les instincts sont généreux, qui comprend la supériorité lorsqu'elle sait mériter son respect, et qui lui rend justice lorsqu'elle se rend digne de son amour.

Le peuple ne fait pas les révolutions; il en devient toujours la première victime.

Tout notre désir est de le préserver de nouvelles catastrophes.

Le peuple comprend que si l'égalité existe devant Dieu, si elle doit exister devant la loi, elle est aussi impossible dans la société que dans la nature.

Il réclame la justice pour tous : a-t-il donc si grand tort ?

Qu'on lui reconnaisse les droits incontestables qui lui appartiennent, et il ne cherchera pas à empiéter sur ceux des autres.

Tout le monde, en un mot, c'est le peuple agricole, artisan et travailleur, qui se moralise par son labeur; et qui, bien qu'on ait tout fait pour le séduire et pour le corrompre, en revient toujours à la foi de ses pères.

Examinons ensemble le cours des événements.

On sait dans quelle affreuse situation se trouvait la France en 1814 : population décimée par la guerre, trésor ruiné, campagnes incultes et désolées, partout la mort et la misère.

Qui a délivré, en 1814, notre malheureuse patrie de l'invasion étrangère?

La royauté née des lois de la patrie, celle que la sagesse de nos pères avait instituée pour protéger toutes nos libertés, et faire rendre la justice à chacun selon son droit.

C'est cette royauté qui a rendu la vie au commerce et à l'agriculture.

C'est elle qui a payé les dettes de l'Empire, rendu à la propriété sa valeur, diminué les charges de l'impôt.

C'est elle qui a relevé la France aux yeux de l'Europe, en lui rendant, avec son indépendance et ses libertés, le rang qui lui appartient parmi les nations.

Et cependant cette royauté est tombée devant une émeute. On lui a reproché des fautes; mais à qui doivent être attribuées ces fautes?

A ces mêmes hommes qui perdent tous les régimes qu'ils servent.

Si ceux qui n'ont jamais méconnu les droits ni les libertés du pays eussent été écoutés, l'usurpation ne se fût pas assise sur le trône en 1830.

Qu'a-t-on dû à l'usurpation?

L'oubli et la violation de tous les principes;

L'affaiblissement et l'abaissement de la France;

Une corruption débordant à pleins bords;

Une prospérité factice, que le moindre choc devait détruire ;

Des crimes sans cesse se renouvelant, au milieu d'une démoralisation qu'elle entretenait comme un précieux auxiliaire ;

La déconsidération générale ;

Une nullité absolue ;

Des charges énormes ;

Des impôts toujours croissants ;

Des dettes qui nous écrasent.

De l'usurpation, comme de l'empire, il n'est rien resté que des ruines et des cyprès.

Napoléon avait voulu du moins recourir à un simulacre du suffrage universel pour créer une nouvelle dynastie, et faire oublier celle qui, depuis des siècles, dirigeait avec gloire et honneur les destinées de la France.

Ses folies, et une ambition qui ne connaissait de limites que celles de la terre, l'ont fait mourir sur le rocher de Sainte-Hélène ; mais il est mort en chrétien, plus grand sur cet aride rocher, par sa résignation, que sur son trône, avec cette auréole de conquérant heureux qui a brillé et disparu aussi vite que l'éclair annonçant la tempête.

La Restauration s'est trompée en voulant octroyer une charte sans consulter le pays.

Quels étaient alors ses conseillers ? Les hommes du fait, et non du droit.

L'usurpation de 1830 s'est crue assez forte pour escamoter tout à son profit, les droits et les principes.

Un souffle a suffi pour la renverser ; et elle a fui sans honneur comme sans gloire.

La République s'est imposée, et le peuple l'a subie sans s'y associer.

Respect à l'autorité, soumission aux lois, telle sera toujours ma devise ; mais il est permis d'avoir des yeux et des oreilles, et même une langue pour proclamer des faits incontestables.

Voyons maintenant quels ont été les produits de cette République improvisée.

De commerce, il n'en existe presque plus. Partout il est tributaire et ne commande nulle part.

L'agriculture est aux abois, le paysan dans la détresse, le fermier dans la misère, l'artisan dans le découragement, les arts et la littérature en souffrance, et cette dernière, voulant vivre à tout prix, corrompt au lieu d'éclairer et d'instruire.

Le crédit n'existe plus. On vit au jour le jour.

Toutes les passions sont éveillées, toutes les intrigues sont en jeu ; et comment pourrait-il en être autrement?

On n'ose ni bouger ni sortir d'un mortel *statu quo*. On songe à jouir du moment, en craignant de prévoir le lendemain.

Nos ressources s'épuisent, nos dettes augmentent chaque année ; et la banqueroute, dont on s'est tant ému il y a deux ans, serait la conséquence forcée d'un événement quelconque qui viendrait amener de nouveaux désordres.

Paris si opulent ne fait aujourd'hui que végéter.

Chacun se plaint sans vouloir, par orgueil, remonter à la source du mal, et avouer ses fautes.

Bientôt l'exposition de Londres enlèvera à la capitale de la France cette nuée d'étrangers qui font sa richesse; et cette circonstance, jointe aux préoccupations causées par l'approche de 1852, portera au commerce son dernier coup, si un effort sublime ne fait pas rentrer la France dans son état normal.

Pauvre Paris! théâtre de tant de révolutions, le moment est venu pour toi de dire un juste *meâ culpâ.*

Et les provinces! elles sont toutes en souffrance, ruinées, divisées, sillonnées, agitées par les partis, qui voudraient les entraîner chacun à sa suite.

Peuple! ouvre donc enfin les yeux, et que le sentiment de tes justes intérêts te fasse aujourd'hui reconnaître la seule voie de salut qui te soit offerte!

Ennemi de toute exagération comme de tout privilége, ne voulant les honneurs que pour le talent et la vertu, pensant qu'il faut chercher et encourager le mérite partout où il apparaît, je parle avec sincérité, sans aucune arrière-pensée.

La loi d'élection a frappé en aveugle une partie de la population, qui se trouve ainsi privée de ses droits. C'est un devoir sacré pour les représentants d'en demander la révision.

Peuple, n'aie jamais recours qu'aux voies légales; ne trouble l'ordre à aucun prix; mais élève la voix quand tu as droit et intérêt à ne plus garder le silence.

Ne vois-tu pas que plus tu marcheras en dehors des principes qui ont fait si longtemps la grandeur du pays, plus tu t'avanceras vers l'abîme, en augmentant tes misères.

Ton indifférence apparente est un mal qui se renouvelle sans cesse.

Le retour aux lois fondamentales de la France, à ces lois qui plaçaient le pouvoir dans la royauté héréditaire, et la liberté dans des assemblées librement élues, peut seul te rendre tout ce qu'on t'a ôté, tout ce que tu as perdu de tes droits et de ton bien-être.

Une nation a toujours la possibilité de rendre justice aux principes qu'elle reconnaît être la sauvegarde de son indépendance et de ses intérêts.

Si le soleil est la lumière matérielle qui éclaire le monde, la vérité en est le soleil moral.

Ne cherchons plus à l'obscurcir.

Toute la vérité.

Paris, 30 décembre 1850.

Aborder franchement toutes les questions, c'est, d'un côté, prouver sa sincérité; de l'autre, acquérir des droits à la confiance.

Peuple français, c'est toi, toi seul que nous prenons pour juge.

Jamais nation ne fut plus éclairée que la nation

française. Elle peut parfois faire momentanément fausse route ; mais son bon sens la ramène bientôt dans la voie droite.

Disons d'abord que l'imbroglio du moment est tel, que l'esprit le plus éclairé ne peut lui découvrir une issue en dehors des principes qui ont fait la gloire, la richesse et l'indépendance de tant de siècles.

On s'agite au milieu des intrigues, des passions, des exigences et des ambitions. Tous les partis ont un but égoïste.

Les hommes du droit national *seuls* n'envisagent qu'une chose vers laquelle se dirigent tous leurs efforts ; c'est le salut de la patrie, et le bien-être des populations qui souffrent.

Dans la position précaire où l'on est, et en dehors des principes, il suffit d'un malheureux agent de police, (1) du plus léger conflit, pour tout remettre en question, et causer par suite les plus grands désordres.

Peuple, demande donc à ceux qui t'exploitent dans un intérêt étroit et égoïste, une solution à la position pleine de misères, et entourée de dangers, de difficultés de toute espèce, où ils s'acharnent à te maintenir.

Ils ne t'en donneront aucune, parcequ'en dehors du principe qu'ils renient, il n'y en a pas de possible ;

Parcequ'on ne parviendra jamais à faire de l'ordre avec les idées de désordre ;

---

(1) Affaire Yon et Allais.

Parcequ'en restant dans la révolution qui a causé tant de maux, on ne parviendra jamais à y mettre fin.

Le poisson meurt hors de l'eau. Hors de la révolution, qui est leur élément, leur but, leur moyen, les hommes qui l'ont faite, et qui méprisent le peuple en le flattant, croient ne pouvoir vivre.

Ils nous repoussent, nous qui ne demandons aucune exclusion ; et s'ils veulent rentrer sincèrement dans le giron de la vérité, nous leur tendrons la main de bon cœur.

Rien pour nous, et tout pour la patrie ! Que tous les Français s'aiment et s'entendent ; voilà notre devise, notre seul espoir.

Non, ce n'est pas pour nous que nous agissons. C'est au bonheur de tous indistinctement que nous voulons travailler, sans nous inquiéter ni des noms ni des origines.

Voyons les objections qu'on nous oppose, et discutons-les sans crainte comme sans prévention, en commençant toutefois par examiner les diverses solutions des partis, et les chances qu'elles peuvent offrir.

Les conséquences de la République !... demandez-les aux provinces, dont les souffrances dépassent toute mesure.

Demandez-les à Paris, depuis deux ans en deuil de sa richesse et de sa prospérité, et sans cesse menacé de nouvelles catastrophes qui mettront le comble à toutes ses épreuves.

Demandez-les à la France, qui regrette vainement sa gloire, son indépendance et une tranquillité que l'ordre seul pourrait lui rendre.

La prolongation des pouvoirs présidentiels ne serait que la perpétuité de nos maux, et d'un état précaire qui ruine le commerce et l'agriculture, en remettant sans cesse tout en question.

Le crédit ne peut se rétablir qu'avec l'ordre et la stabilité.

L'Empire ! « Pour faire un civet, disait Mme de Staël, il faut d'abord un lièvre. » Un Napoléon ne se trouve pas deux fois dans un siècle.

La régence ! Jamais la France ne l'accepterait. Ce serait le pire des maux. Il n'est pas un esprit tant soit peu éclairé qui n'en convienne.

La présidence du prince de Joinville ! Mais un prince, fût-il le meilleur des princes, serait le plus mauvais président de république, car il apporterait les souvenirs et l'esprit de la monarchie dans une magistrature démocratique.

La royauté du comte de Paris ! Mais, d'abord, il faudrait attendre dix ans, et assister avant aux funérailles de notre belle France. Et puis il faut considérer que le principe révolutionnaire triomphant ne pourrait jamais parvenir à ramener l'ordre dans les esprits.

Ce ne serait d'ailleurs que le triomphe d'un parti, et nous repoussons de tous nos vœux un pareil triomphe.

La légitimité ne ferait pas triompher un parti. Ce

principe est *national ;* et c'est à lui que la France a dû des siècles de gloire, de grandeur, de richesse, d'ordre, d'indépendance et de prospérité.

Toutes les fois qu'il a paru succomber dans la lutte, malheur alors à la France ! Qui pourrait le nier ?

Son retour a toujours été une ère de repos et de bonheur.

Nous ne voudrions pour rien au monde que la légitimité fût imposée à la France par une force quelconque, et encore moins par l'étranger, dont nous n'accepterons jamais l'intervention.

C'est un joug que nous repoussons plus que personne; et, bien jeune encore, en 1814, je n'ai pas craint de risquer ma vie pour en délivrer mon pays.

Passons aux objections :

« Le comte de Chambord a été élevé par des jésuites. »

Mensonge ! Et d'abord il ne faut pas laisser ignorer que, personnellement, amis ou ennemis, tous ceux qui ont vu ce jeune prince lui ont rendu, sous tous les rapports, la justice qu'il mérite.

Deux jésuites passèrent, il est vrai, quelques jours auprès du prince dans sa première jeunesse.

L'un d'eux surtout, j'en ai pu juger par moi-même, était un homme de mérite. Cependant, comme jamais je n'ai craint de dire en toute circonstance ce que je crois être la vérité, je m'efforçai de faire comprendre au bon roi Charles X le danger d'un pareil choix, non que cet ordre ne fût saint entre tous, et d'une aptitude sans égale pour l'éducation de la jeunesse, mais à cause de l'interprétation à laquelle ce choix aurait pu donner lieu en France.

Presque immédiatement après mon départ, ces deux jésuites furent rappelés par leur supérieur.

« Les jésuites sont ultramontains, dira-t-on ; et vous êtes gallican. » Mais là n'est pas la question. Je n'ai jamais été, il est vrai, ni congréganiste ni jésuite ; mais rien ne pourra m'empêcher d'être juste, et de proclamer hautement la vérité.

Certes, les Barente, les Frayssinous n'étaient ni exagérés ni jésuites.

M. le comte de Chambord est franchement religieux, sans aucune exagération ; et son amabilité, unie à la gaieté de son esprit, prouve que sa piété est aussi sage qu'éclairée. Indulgent pour les autres, il n'est sévère que pour lui. Etre religieux de cette manière, c'est tant mieux pour lui et pour la France.

Il serait heureux que toute la France fût religieuse dans la bonne et simple acception du mot. Que devient-elle quand elle s'éloigne de la foi de ses pères? Le tableau des crimes qu'enfante l'irreligion serait effrayant.

« Mais, ajoute-t-on, nous n'avons rien, il est vrai,
« contre le comte de Chambord ; seulement son re-
« tour replacerait la France sous la domination des
« nobles et des prêtres. »

Tel est le véritable champ de bataille.

Sur quoi fonde-t-on une assertion aussi absurde?

Personne ne songe à réclamer des privilèges pour la noblesse. Mais quelques hommes eussent-ils cette pensée, qui pourrait la croire réalisable dans cette France du dix-neuvième siècle, en possession de ses droits et passionnée pour l'égalité? La noblesse aujourd'hui est fondue dans la nation, elle ne fait plus corps depuis soixante ans; il y a eu des nobles dans tous les partis. Est-ce que les Lafayette, les Lameth, les Beauharnais, les Caulincourt, les Latour-d'Auvergne n'étaient pas nobles ainsi que les Saint-Simon et les de Flotte? N'a-t-on pas vu des nobles mêler leur sang à celui du peuple sur tous les champs de bataille de l'Europe; et ne voit-on pas aujourd'hui des gentilshommes unir leurs efforts à ceux des citoyens pour conquérir ces sages libertés, ces droits imprescriptibles qui doivent servir de base à l'ordre social?

N'y a-t-il pas des nobles dans ce parti du droit national qui réclame depuis vingt ans l'universalité des suffrages; et croit-on que les priviléges seraient possibles dans une monarchie où l'assemblée, qui peut accorder ou refuser les subsides, serait nommée par tous les citoyens?

Quand on veut faire peur aux enfants, de vieilles bonnes, dans leur sottise, leur parlent de revenants; mais les morts ne reviennent pas, que je sache.

Ne parlons donc plus des priviléges de la noblesse; prenons garde plutôt aux priviléges des censitaires à deux cents francs; ce danger-là est moins loin de nous dans le passé, il est peut-être moins loin de nous dans l'avenir!

Quant au *droit divin* : « Tout pour la France et

par la France! » Ces paroles d'un prince qui n'a jamais manqué à sa conscience prouvent assez que cette accusation manque complétement de fondement.

M. le comte de Chambord connaît ses droits, qu'il soutient dans l'intérêt de la France. Rien au monde ne pourrait les lui faire abandonner ; mais il reconnaît en même temps ceux de la nation, puisque, sans aucune ambition personnelle, il veut être rappelé par la France, s'en rapportant à sa sagesse pour reconnaître que le salut de la société n'existe que dans le pouvoir héréditaire tel qu'il a été réglé par la nation elle-même, et observé pendant huit siècles.

Où est le mal, où est le crime de ceux qui, comme les hommes du droit national, attendent tout de la France, ne voulant rien que pour elle et par elle, respectant le pouvoir établi, et donnant en toute occasion l'exemple de l'obéissance aux lois.

Lorsque la tempête le rappelle au sentiment de sa faiblesse, le matelot n'est-il pas heureux de saisir la seule planche de salut qui peut l'arracher à la mort?

Au plus fort de l'orage, le voyageur ne se réjouit-il pas d'apercevoir, à travers les nuages, l'arc-en-ciel qui lui fait espérer un temps meilleur?

« Et la fameuse circulaire? nous dit-on enfin. C'est un malheur, j'en conviens, parceque des partis qui ont tout intérêt à diviser le pays se sont obstinés à l'attribuer au prince.

J'ai dit et répété que M. le comte de Chambord n'en a eu aucune connaissance. C'est un fait aujourd'hui avoué par tout le monde.

Les sentiments du prince sont assez prouvés, pour que ce cœur généreux, cet esprit élevé ait cru au dessous de lui de démentir un manifeste qui l'était d'avance par ses paroles augustes.

J'ai tâché de démontrer que le salut et la seule ressource de la France étaient dans le principe que soutiennent et défendent les hommes du droit national.

J'ajoute en finissant que les amis les plus sincères du président sont encore les légitimistes.

Ceux qu'on appelle *décembristes* le compromettent, en le berçant d'illusions trompeuses.

Nous ne lui disons, nous, que la vérité, toute la vérité ; et nous ne saurions nous montrer plus ingrats que la France, si notre pensée était bien comprise des uns et des autres.

Députés de la droite, placez-vous donc sur ce terrain ! Renoncez à un mutisme qui vous annule, en vous enlevant vis-à-vis du pays la position qui ferait votre force.

Prouvez-lui que vous êtes SEULS les défenseurs désintéressés de ses droits et de ses libertés.

Sa confiance vous servira de point d'appui, et votre allure deviendra aussi ferme qu'assurée.

Ne consultez que votre cœur et votre conscience, et vous ne pourrez vous égarer.

Arrière les aveugles du *statu quo !*

Arrière ceux qui, malgré les instructions si positives de Wiesbaden, persévèrent à s'effacer !

Cessez d'être dupes, et vous aurez sauvé le pays reconnaissant !

Le discours de M. Berryer.

Paris, 2 janvier 1851.

Dieu se joue des desseins des hommes.

Il y a peu de mois, le parti orléaniste se croyait à l'apogée de sa puissance et de ses espérances personnelles; nous venons d'assister à la dernière convulsion de son agonie.

L'espoir de l'Empire, qui pour quelques esprits était devenu presque une certitude, s'est évanoui devant la sagesse du président.

Puisse-t-il comprendre enfin qu'une nation qui veut, à tout prix, le repos et l'indépendance ne se montrera pas ingrate envers celui qui lui assurera ces deux conditions d'existence.

Le parti républicain démocratique pur est repoussé par l'expérience comme par la volonté et les intérêts du pays.

Les républicains modérés reconnaissent, eux, avec les légitimistes, le droit du pays.

Le parti légitimiste, *en tant que parti*, a cessé lui-même d'exister. Il n'y a, il n'y aura bientôt plus qu'un parti national, c'est à dire une nation réclamant solennellement, au nom de son existence compromise par les révolutions de tout genre, le seul principe qui puisse lui rendre ses richesses et sa gloire.

L'admirable discours de M. Berryer est un événement, et un événement heureux, d'une grande portée. Il met fin à ce *statu quo* mortel dans lequel végétait la droite.

Il a réuni en faisceau toutes les nuances d'opinions.

Il est un défi généreux porté à l'intrigue et à l'absurde.

Il ouvre une ère nouvelle à la politique.

Il répond aux instructions comme à la noble et loyale pensée de Wiesbaden.

Il met au néant la fatale circulaire.

Il indique à la droite la marche qu'elle doit suivre dorénavant.

Mais que surtout elle ne s'arrête pas dans cette nouvelle voie de vie et de salut !

Que la France soit bien convaincue qu'elle trouvera dans la droite le seul et inébranlable soutien de ses droits ; et que le principe d'hérédité légitime peut seul être assez fort, pour ne pas lui contester les libertés vers lesquelles chacun aspire également.

On ne saurait trop le redire, les accusations portées contre le principe d'hérédité légitime manquent complétement de fondement : ce principe ne peut vivre que de liberté et par la liberté.

Loin de détruire la souveraineté nationale, ce principe y a pris naissance ; c'est son berceau, c'est son soutien.

Le jour où la délégation d'une partie des droits des citoyens, faite par la nation dans son propre intérêt à une famille qui s'est rendue digne de la France ; le jour, dis-je, où cette délégation cesserait d'exister par suite de l'extinction de cette noble famille toujours si française, la nation rentrerait alors dans ses droits primitifs et imprescriptibles.

Une concession faite librement, volontairement, et consacrée par tant d'assemblées générales, maintient le droit dans cette famille, tant qu'existe un représentant de l'hérédité légitime.

Ce principe ne peut être mis en question.

Toutes les fois qu'on l'a essayé, il en est résulté des troubles, des divisions, des déchirements, des malheurs et des misères innombrables pour le pays, et surtout pour le peuple.

C'est au nom du peuple, plus intéressé que qui que ce soit à voir la prospérité renaître en France ; du peuple que tant d'intrigants cherchent à tromper, que je réclame un droit qu'on veut toujours lui enlever, celui de recourir à la seule voie de salut qui lui reste, après des épreuves si douloureuses qui lui ont coûté si cher.

Ceux qui rêvent l'empire, l'orléanisme ou la république craindraient de consulter le pays. Ils ne songent qu'à lui imposer leur intérêt propre, au lieu de penser à l'intérêt général. Ils refusent de s'incliner devant la volonté nationale.

Conséquents à nos croyances, nous ne demandons pas qu'on consulte le pays sur un principe incontestable, consacré par les siècles et par la volonté de la France.

Nous demandons qu'on lui demande, à savoir :

S'il est bien convaincu des bienfaits de la République, et s'il veut en perpétuer les douleurs ;

Ou si, en se reportant à ce passé si riche et si glorieux, il préfère la monarchie héréditaire comme le seul port qui lui soit ouvert après l'orage.

J'ai été, je l'avoue, un des adversaires les plus prononcés de M. Berryer tant qu'il a gardé un silence qui, tout en compromettant notre avenir, faisait calomnier un parti dont il est le plus éloquent organe.

Je l'admire quand il parle, le priant, le conjurant, au nom des intérêts les plus chers, de ne plus s'arrêter dans cette noble voie, et de repousser les conseils perfides qui tendraient à l'en détourner ; ces conseils nous conduiraient forcément à de nouvelles et funestes divisions.

Il faut demander avant tout la révision de la loi d'élection.

Il manquait à Archimède un point d'appui pour soulever le monde.

Ici ce point d'appui existe : c'est le pays lui-même qui doit concourir au salut commun.

Je n'aurai jamais une pensée personnelle. Je ne songe qu'à ma patrie et à mes concitoyens, que j'aime comme des frères, à quelque opinion qu'ils appartiennent.

Je ne demande l'exclusion de personne ; et c'est en mon âme et conscience que j'indique le seul moyen de sauver ma patrie.

Dieu aidera !

LETTRE

DE

M. LE COMTE DE CHAMBORD.

Venise, le 23 janvier 1851.

MON CHER BERRYER,

J'achève à peine de lire le *Moniteur* du 17 janvier, et je ne veux pas perdre un instant pour vous témoigner toute ma satisfaction, toute ma reconnaissance pour l'admirable discours que vous avez prononcé dans la séance du 16.

Vous le savez, quoique j'aie la douleur de voir quelquefois mes pensées et mes intentions dénaturées et méconnues, l'intérêt de la France, qui pour moi passe avant tout, me condamne souvent à l'inaction et au silence, tant je crains de troubler son repos, et d'ajouter aux difficultés et aux embarras de la situation actuelle! Que je suis donc heureux que vous ayez si bien exprimé des sentiments qui sont les miens, et qui s'accordent parfaitement avec le langage, avec la conduite que j'ai tenus dans tous les temps! Vous vous en êtes souvenu; c'est bien là cette politique de conciliation, d'union, de fusion qui est la mienne, et que vous avez si éloquemment exposée; politique qui met en oubli toutes les divisions, toutes les récriminations, toutes les oppositions passées, et veut pour tout le monde un avenir où tout honnête homme se sente, comme vous l'avez si bien dit, en pleine possession de sa dignité personnelle.

Dépositaire du principe fondamental de la monarchie, je sais que cette monarchie ne répondrait pas à tous les besoins de la France si elle n'était en harmonie avec son état social, ses mœurs, ses intérêts, et si la France n'en reconnaissait et n'en acceptait avec confiance la nécessité.

Je respecte mon pays autant que je l'aime;

J'honore sa civilisation et sa gloire contemporaine autant que les traditions et les souvenirs de son histoire.

Les maximes qu'il a fortement à cœur et que vous avez rappelées à la tribune, l'égalité devant la loi, la liberté de conscience, le libre accès pour tous les mérites à tous les emplois, à tous les honneurs, à tous les avantages sociaux, tous ces grands principes d'une société éclairée et chrétienne me sont chers et sacrés comme à vous, comme à tous les Français.

Donner à ces principes toutes les garanties qui leur sont nécessaires par des institutions conformes aux vœux de la nation ; et fonder, d'accord avec elle, un gouvernement régulier et stable, en le plaçant sur la base de l'hérédité monarchique et sous la garde des libertés publiques, à la fois fortement réglées et loyalement respectées, tel serait l'unique but de mon ambition.

J'ose espérer qu'avec l'aide de tous les bons citoyens, de tous les membres de ma famille, je ne manquerais ni de courage ni de persévérance pour accomplir cette œuvre de restauration nationale, seul moyen de rendre à la France ces longues perspectives de l'avenir sans lesquelles le présent, même tranquille, demeure inquiet et frappé de stérilité.

Après tant de vicissitudes et d'essais infructueux, la France, éclairée par sa propre expérience, saura, j'en ai la ferme confiance, connaître elle-même où sont ses meilleures destinées.

Le jour où elle sera convaincue que le principe traditionnel et séculaire de l'hérédité monarchique est la plus sûre garantie de la stabilité de son gouvernement, du développement de ses libertés, elle trouvera en moi un Français dévoué, empressé de rallier autour de lui toutes les capacités, tous les talents, tous les hommes qui, par leurs services, ont mérité la reconnaissance du pays.

Je vous renouvelle encore, mon cher Berryer, tous mes remerciements, et vous demande de continuer, toutes les fois que l'occasion vous en sera offerte, à prendre la parole comme vous venez de le faire avec tant de bonheur et d'à-propos.

Faisons connaître de plus en plus à la France nos pensées, nos vœux, nos loyales intentions, et attendons avec confiance ce que Dieu lui inspirera pour le salut de notre commun avenir.

Comptez toujours, mon cher Berryer, sur ma sincère affection.

HENRI.

A Monsieur le Rédacteur en chef de la *Gazette de France*.

Monsieur,

Je m'associe avec empressement à la souscription ouverte pour propager l'admirable lettre de M. le comte de Chambord.

Elle répond à tous les intérêts, à toutes les exigences, à toutes les susceptibilités.

Maintien d'un principe qui ne pourra jamais être mis en doute;

Reconnaissance des droits, non moins incontestables de la nation.

Les résultats de cette lettre sont immenses; elle doit réconcilier tous les partis, et ôter toute appréhension de l'avenir.

Longtemps la France a désiré une fusion qui, je l'avoue, m'a toujours paru impossible, et que la famille d'Orléans a constamment repoussée.

Aujourd'hui que cette famille est mise en demeure par cet acte solennel du prince, la France saura du moins, si cette fusion n'a pas lieu, à qui elle doit en adresser les reproches.

On saura aussi, que l'amour de M. le comte de Chambord pour sa patrie ne l'a pas laissé hésiter, devant une avance que la France croyait pouvoir contribuer à son salut.

Agréez, cher Monsieur, etc.

Ce qu'on veut. — Ce qu'on ne veut pas. — Ce qu'on voudrait.

Paris, le 7 février 1851.

Ce qu'on veut serait fort difficile à dire, car il n'y a d'unité nulle part. Il y a autant de volontés que d'individus; et c'est ce manque d'accord de tous les partis qui fait le danger commun, en causant notre faiblesse.

La France ne sera vraiment tranquille, que quand un esprit vraiment national aura remplacé l'esprit de parti, quelle que soit l'opinion à laquelle il appartienne.

De quelque côté qu'on porte ses regards, on voit des intrigues et des ambitions; nulle part l'amour de la patrie, nulle part le dévouement à ses intérêts.

L'égoïsme partout, voilà le mal.

Aussi atteignons-nous au désordre moral le plus grand qu'il soit possible de définir. C'est à peine si l'on parvient à obtenir chaque jour une apparence d'ordre matériel, avec toutes les craintes de désordre pour chaque lendemain.

Tel est l'état désastreux produit depuis ces vingt dernières années, par les hommes du fait qui ont voulu marcher en dehors de ces principes qui sont la véritable constitution de la France, constitution à laquelle notre belle patrie a dû des siècles de gloire, d'indépendance et de richesse.

Ce qu'on ne veut pas généralement aujourd'hui,

je le dirai sans craindre de déplaire à ceux qui n'osent pas parler.

On flatte le peuple pour mieux l'opprimer, et ses flatteurs le méprisent.

Moi qui l'aime véritablement, et qui sais qu'il n'y a pas de salut hors de lui, qu'il n'y en a qu'en lui et par lui; moi qui suis sincèrement son défenseur et son ami, je m'adresse à son cœur et à son bon sens.

Je lui parle avec une entière franchise.

Et qu'on ne s'y trompe pas; le peuple français, quoi qu'on en dise, est le plus éclairé de l'univers.

Il sait entendre la vérité; il applaudira à celui qui la lui présente sans aucune arrière-pensée.

Ce qu'on ne semble pas vouloir aujourd'hui en France, c'est la république et la légitimité : disons-le sans crainte.

La république! on la repousse, parceque chacun a pu juger de ses effets désastreux; parceque, par elle, Paris a perdu sa richesse, et les provinces leur prospérité.

Parceque la nation n'a pas été consultée; parceque cette forme de gouvernement lui a été imposée contre sa volonté.

Parceque la République ne peut vivre qu'à l'aide d'une centralisation qui écrase le pays, et d'un arbitraire qui se manifeste sous toutes les formes.

La légitimité! Pourquoi la France redoute-t-elle son retour? Parceque, trompée par ceux qui ont intérêt à l'abuser, elle croit voir, dans ce retour, de nouveaux priviléges, avec la domination temporelle du clergé, dont elle ne veut pas, et qu'elle a raison de ne pas vouloir.

Je l'ai dit dernièrement, et je le répète à propos des priviléges : « On ne ressuscite pas les morts. »

Aujourd'hui les priviléges existent bien véritablement ; mais c'est pour l'intrigue et l'égoïsme.

Rappelée par la nation, la légitimité ne peut vivre désormais qu'en s'appuyant sur l'opinion publique.

Le seul privilége qu'elle puisse réclamer, c'est de fermer les plaies du pays en s'occupant uniquement du bonheur des peuples.

C'est pour elle une condition forcée ; et les sentiments si généreux, si nobles, si avancés de M. le comte de Chambord sont pour la France la plus précieuse de toutes les garanties.

Au moment où la constitution doit être révisée, chacun a le droit et le devoir de dire toute sa pensée. C'est ensuite à la nation à décider si elle veut vivre ou mourir.

C'est à elle à se prononcer en dernier ressort, et à juger qui lui parle le plus dans son intérêt.

Quant à la domination du clergé, ce mot magique dont on se sert pour effrayer les esprits, sur quoi repose, je le demande, une pareille absurdité !

Ceux qui propagent avec perfidie cette conviction qu'ils n'ont pas, sont les plus dangereux ennemis du peuple.

C'est un épouvantail dont ils se servent habilement, en sachant d'avance l'effet qu'il doit produire ; et espérant, grâce à lui, arriver plus sûrement à leur but, en opposition avec tous les intérêts du pays.

Non, rien ne justifie une pareille opinion ; tout, au contraire, tend à la détruire :

L'impossibilité ;

La force des choses ;

La marche des événements et celle du temps ;

L'opinion et la volonté du pays ;

La position actuelle du clergé et l'influence toute morale, toute charitable qu'il cherche seulement à établir ; ses convictions, en un mot, car il faudrait le supposer bien dénué de sens pour avoir une pareille pensée, pour concevoir une espérance aussi absurde que contraire à la situation des esprits.

Personne assurément ne respecte le clergé plus que moi, lorsqu'il reste dans le cercle des hautes fonctions qui lui sont confiées : que de larmes n'essuie-t-il pas pour secourir ceux qui souffrent ?

Il donne au pauvre le pain de sa table ;

Il apporte au malheureux, les consolations qui l'arrachent au désespoir ;

Sur l'échafaud, il ouvre les portes du ciel à celui que la société, justement sévère, jette sans pitié dans l'Éternité.

Et cependant si, contre toute apparence, le clergé voulait étendre son domaine sur le temporel, je le blâmerais sévèrement ; mais, je le répète, il ne peut vouloir l'impossible.

La nation ne se refuse pas à être gouvernée, elle le demande même ; mais elle repousse tout arbitraire et toute domination injuste, n'importe d'où elle puisse venir.

Personne n'est content du jour, parceque ce jour

doit avoir un lendemain qu'on ne peut s'empêcher de redouter.

On semble accablé sous le poids de craintes trop fondées, au lieu de chercher un remède à une situation si précaire.

Ce remède, tâchons de le trouver, et voyons ce qu'on voudrait.

La France réclame avec raison la reconnaissance de ses droits avec ses libertés.

Elle veut qu'on la compte pour quelque chose.

Elle repousse l'arbitraire et les priviléges. Elle veut l'égalité devant la loi.

Elle veut l'ordre au dedans, et une noble indépendance vis-à-vis de l'étranger.

Elle soupire après l'extension de son commerce, la prospérité de l'agriculture, l'existence à bon marché.

Enfin elle demande à vivre, sans être sans cesse exposée à de nouvelles révolutions.

Elle veut être libre d'élever ses enfants à sa guise, effrayée qu'elle est des crimes qui se multiplient à l'infini.

Elle ne veut pas de la domination temporelle du clergé, et elle a raison ; mais, convaincue de l'insuffisance de la loi pour diminuer le nombre des criminels, elle appelle à son secours une religion qui apprend à l'homme à aimer son semblable comme lui-même.

Voilà ce que voudrait la France ; et maintenant je demande à tous ces beaux parleurs, à tous ces faiseurs de théories et de faux systèmes, ce qu'il leur est possible de créer dans l'intérêt général, et ce qu'ils ont jamais fait pour ce peuple qu'ils abandonnent ou déifient suivant les circonstances.

L'histoire des malheurs du peuple et celle des révolutions répondent à mon interrogation.

Mais eux aussi sont souvent les victimes des désordres qu'ils ont enfantés; et je désire sincèrement travailler à leur salut comme à celui de tous.

Pour y parvenir, je m'efforce d'allumer le fanal qui doit éclairer le monde.

Je présente la vérité au peuple, ne voulant pour juge que lui et ma conscience.

Je lui dis avec amour et conviction : Vois le port; il n'y en a pas d'autre.

Hors le principe de l'hérédité légitime, il n'y a rien de possible, de grand ni de durable; il n'y a que péril pour toi; il n'y a que misère et mort.

Arrache le masque avec lequel on cherche à te cacher la lumière.

Renonce à tes illusions, comme à tes préventions sans aucun fondement.

Aujourd'hui les réactions ne sont plus possibles.

Il n'y a de désirable et de réalisable que le bonheur de tous; mais pour atteindre ce beau résultat, je t'indique une route sûre, et la seule qui puisse t'y conduire.

Je te cite les siècles à l'appui de mes paroles.

D'autres n'auraient à te parler que des malheurs dont ils ont été la cause par ces théories spécieuses, mais absurdes, qui t'ont fait tant de mal. L'échafaud allait chercher ses victimes chez le pauvre aussi bien que chez le riche; et tous ces révolutionnaires éhontés s'y sont fait monter eux-mêmes sans pitié les uns après les autres. La légitimité seule a pu pardonner à ses bourreaux.

Je voudrais contribuer à mettre fin à tes épreuves. Mon dévouement pour mes concitoyens, mon amour pour ma patrie sont sans bornes; et je ne fais ici aucune exception, demandant à Dieu de faire descendre sur les hommes cette lumière céleste qui seule peut les éclairer et les sauver.

La lettre de Venise.

Paris, 27 février 1851.

« Il faut en finir! » s'écrie-t-on de toutes parts; « un tel état de choses ne peut durer. »

Comment cela finira-t-il? C'est sur cette question que chacun se divise.

Tous les intérêts sont en suspens; le crédit est mort; le peuple est écrasé d'impôts; les agriculteurs sont aux abois, les commerçants réduits aux expédients.

Toutes les passions sont éveillées par l'incertitude du présent, par celle encore plus grande de l'avenir.

Les arts, la littérature sont en pleine décadence.

On veut vivre à tout prix, peu scrupuleux sur les moyens; et l'on travaille avec une infernale persévérance à corrompre l'esprit et le cœur des peuples, pour parvenir plus sûrement à les dominer.

La religion est en oubli ; la morale devient une dérision, et des crimes de tout genre épouvantent la société.

L'éducation publique conduit à la perversité.

On a remplacé par les systèmes les plus faux et les théories les plus absurdes, ces grands principes qui régissent le monde, et devraient toujours servir de boussole aux humains.

On marche à tâtons dans les ténèbres; en aveugles au milieu du chaos.

L'intérêt et l'égoïsme sont devenus la loi commune.

On poursuit les crimes sans avoir recours au seul moyen qui en diminuerait le nombre ; et ce n'est que sur l'échafaud, que le criminel doit à la religion un repentir qui lui ouvre les portes de l'éternité.

Le socialiste veut tout renverser, tout bouleverser, tout détruire à son profit.

Le chrétien veut le bien de tous sans exception.

Le légitimiste reconnaît et veut consacrer les droits de chacun, ainsi que les libertés compatibles avec l'ordre.

Hors de ces principes, tous les régimes qui ont passé n'ont marché qu'à coup de despotisme et d'arbitraire. Il en sera toujours ainsi ; et le socialisme lui-même se couvre d'un masque trompeur, pour se dérober aux yeux qu'il effraierait par sa figure hideuse.

On a vu à l'œuvre ses plus fervents adeptes ; et tandis que le peuple souffrait, ils se repaissaient au sein de tous les plaisirs.

Lisez maintenant la lettre datée de Venise, du représentant du principe légitime. Elle fait connaître sa pensée toute nationale, toute française, toute généreuse, toute libérale.

Après cette lecture, le doute sur les sentiments du prince n'est plus permis ; car sa parole est sacrée.

Personne ne l'a jamais mise en question.

Le comte de Chambord ne pourra plus être accusé d'avoir des idées rétrogrades.

La circulaire de Wiesbaden, faussement attribuée au prince, avait semblé fermer à la légitimité les portes de la patrie. La lettre de Venise les lui rouvre, en rendant son retour également désirable pour tous.

Mais revenons à notre point de départ :

Comment cela finira-t-il ?

Voilà ce que je vais examiner, en parcourant les différentes phases de la question.

Vive la République! disent les uns. La chute de l'usurpation allait à mes sentiments, et le mot de liberté à mon indépendance ; mais cette république, *imposée* par quelques hommes, je la cherche partout, et je ne la trouve nulle part.

Il faut bien le dire : elle n'a marqué son passage, qu'en aggravant les misères du peuple.

Vive l'Empire ! Ces quelques cris n'ont vraiment pour écho que les arbres des Champs-Elysées ; et ceux qui contribueraient à entretenir dans l'esprit du Président de pareilles chimères seraient ses plus dangereux ennemis en le poussant vers un abîme.

Il n'a d'amis sincères, je l'ai déjà dit, que les légitimistes, qui, seuls, lui savent gré du mal qu'il a empêché; et dont la reconnaissance offerte au nom du pays ne manquerait pas à l'occasion.

Le consulat! On en parle comme d'une échelle brisée.

Le comte de Paris! Mais quels seraient son droit, ses moyens d'action, et les résultats de son avènement?

Une régence, avec tous ses mouvements, ses incertitudes et ses dangers. Le pays tout entier la repousse avec raison.

La présidence du prince de Joinville ne serait, quoi qu'on en dise, qu'un moyen insidieux pour amener une nouvelle usurpation; et, au surplus, la loyauté du prince s'y oppose. Puis, cette présidence ne parviendrait à résoudre aucune question. Elle laisserait tout en suspens, et l'on n'en parle à l'Elysée que pour engager à proroger les pouvoirs du président.

Bien qu'on fasse et quoi qu'on dise, je défie qui que ce soit de trouver une autre solution à la situation présente, que le principe héréditaire et légitime dans lequel seul la France peut se retremper; et qui peut mettre fin à ses maux, en fermant ses plaies, et en laissant jouir le pays de la liberté sans licence. Je maintiens de plus, que tous les partis sans exception y ont maintenant un égal intérêt. La lettre de M. le comte de Chambord leur donne satisfaction à tous, dans ce qu'ils ont de légitime. La réunion des deux branches était désirée par la

France; et, quel qu'en puisse être le résultat, le prince, en y donnant la main, prouve à sa patrie à quel point est profond l'amour qu'il lui porte.

Cet oubli complet du passé, sans aucune récrimination quelconque, doit rassurer chacun, en prouvant à tous quels sont les sentiments du comte de Chambord.

La fusion.

Paris, 4 mars 1851.

Mes amis de la *Gazette* m'avaient prié, avant cette séance néfaste qui a rempli d'horreur tous les cœurs bien nés, (1) de retrancher la dernière partie de mon dernier article, pour ne pas mettre obstacle aux rapprochements qui semblaient devoir résulter d'une parole auguste.

Pensant qu'il n'y a maintenant nul inconvénient à faire paraître ce complément, je le leur renvoie.

Il est bon, ce me semble, que toutes les vérités soient dites et bien connues.

J'avoue que si je suis pour la réunion de tous les partis en un seul, le parti vraiment national et français, je n'ai jamais bien compris une fusion à laquelle je ne crois pas ; et que je regarde comme im-

(1) Séance du 1er mars, où l'échafaud de Louis XVI, et la terreu ont été glorifiés par un représentant de la montagne.

possible et dangereuse, surtout avec des conditions.

Il me semble, que c'est avant cette dernière séance que les princes d'Orléans auraient dû y adhérer publiquement, en réponse à la lettre de M. le comte de Chambord.

Il en a été tout autrement ; et aujourd'hui les bruits de cette fusion tant désirée par la France, et consentie si généreusement par le représentant du principe légitime, ne peuvent plus être regardés que comme une véritable mystification.

Remonté sur le trône, le comte de Chambord peut, suivant les circonstances, se montrer généreux ; mais comme condition de son retour, ce serait, à mon avis, une faute et un danger.

Examinons sans prévention quelles seraient les suites de cette fusion que réclament avec insistance quelques voix usées par le temps ; et avec elles une foule d'esprits aveuglés, de gens de bonne foi peut-être, bien intentionnés sans doute, mais qui, occupés du jour, ne songent pas assez au lendemain, et derrière lesquels se cachent des intrigants, des ambitieux et des traîtres.

M. le comte de Chambord, en s'associant au vœu du pays, a prouvé, je le répète, à quel point est sincère l'amour qu'il lui porte !

Mais voyons ce qu'il adviendrait de cette fusion.

Et d'abord, dans le cas où M. le comte de Chambord n'aurait pas d'enfants, le comte de Paris est-il son héritier *légitime ?* Là du moins est une question.

Les branches d'Espagne, de Naples et de Lucques passent avant celle d'Orléans.

Je ne discute pas l'opportunité du fait. Je le constate.

Si M. le comte de Chambord mourait sans enfants, la France rentrerait naturellement dans ses droits primitifs, qui remettent à elle seule la décision des questions de succession.

D'ailleurs, je suppose un moment d'accord la branche aînée avec celle d'Orléans.

Qu'en résultera-t-il ? Rien quant à présent; et, pour l'avenir, la légitimité ainsi que la France se trouveraient exposées à de nouvelles secousses tant qu'une assemblée nommée *ad hoc* ne se serait pas prononcée.

Discussions probables avec des ambitions plus ou moins légitimes, et des droits impossibles à mettre à néant d'un trait de plume.

Prétentions et rancunes !

Quant à ces jeunes princes, pleins d'honneur sans doute, qui se meurent de tristesse loin du sol de la patrie, c'est du fond du cœur que je les plains; je hais les proscripteurs; mais, il faut bien le dire, convaincus à tort ou à raison que ce serait à eux que la légitimité devrait son retour, ne seraient-ils pas forcément exigeants et susceptibles ?

Un refus, quelque juste qu'il fût, leur paraîtrait un acte d'ingratitude.

Entourés, mal conseillés, poussés par des ambitions déçues, ils deviendraient malgré eux, et presque sans s'en douter, des centres d'oppositions, et l'on verrait bientôt se reconstituer le Palais-Royal.

D'ailleurs le retard qu'ils apportent à publier

leur adhésion, ne prouve que trop les obstacles qu'elle rencontre.

« Tout pour la France et par la France, » telle est la devise du comte de Chambord, et la seule chose possible et désirable.

Nier le danger n'est pas, que je sache, le moyen de l'éviter.

Je ne veux pas d'une restauration en équilibre sur un abîme. Je la désire uniquement appuyée sur la France. Je la désire comme cela ou pas, parceque c'est à la France que je pense avant tout, en rendant grâce au ciel des qualités éminentes du Prince sur qui reposent les espérances de l'avenir.

Si je fais des vœux pour cette restauration, c'est afin d'assurer un lendemain à mon pays.

Je la veux pour son bonheur, sa gloire, son repos, son indépendance, ses libertés, avec la reconnaissance de ses droits, et non pour y exciter de nouveaux troubles ; non pour des intérêts particuliers, mais pour le bien général, et pour le repos de ceux-là même qui la combattent.

Je ne mets pas d'exception dans l'amour que je porte à mes concitoyens. Je ne veux la mort ni la ruine de personne. Je veux le salut et la prospérité de tous.

Toute combinaison contraire aux volontés et aux besoins de la France n'est, à mon avis, qu'une illusion.

Toutes les passions sont aujourd'hui tellement en jeu, et tous les partis tellement divisés, qu'un malheur commun peut seul les réunir.

C'est alors seulement que, semblable au matelot

devenu croyant au moment de l'orage, la France sera heureuse de recourir au seul principe qui puisse réunir en faisceau toutes les forces de la société, toutes les intelligences, tous les talents et tous les intérêts en mettant un terme à nos maux.

Voilà comment les circonstances dont nul n'est le maître, me font comprendre la restauration, et comment elle sera solide, alors que tous les partis désabusés par les événements, et réunis par un danger commun, la rappelleront unanimement comme la seule planche de salut qui restera après la tempête.

Dieu veuille qu'il en soit autrement ! Ce n'est certes pas un souhait que j'exprime ; mais c'est une opinion personnelle que je livre aux chances de l'avenir et à l'impartialité de mes lecteurs.

Le dénouement.

Paris, 8 mars 18[illegible]1.

Je crois qu'à l'époque à laquelle nous vivons il faut marcher à ciel ouvert, agir au grand jour, et jouer cartes sur table.

C'est dans cette pensée que je dis hautement et nettement ce que je crois être la vérité, sans crainte ni prévention.

Je ne suis d'aucun comité, d'aucun conciliabule, d'aucune coterie. Je ne dirige rien, je ne m'exténue pas en notes diplomatiques ; j'écris pour mon pays, et c'est lui seul que je prends pour juge de mes paroles et de mes actes.

Si je parviens à lui être utile en l'éclairant, j'en bénirai le Ciel, à qui je demande mes inspirations toutes nationales et toutes françaises.

Personne plus que moi n'a appelé de tout temps la réunion de tous les partis, avec le sacrifice de toutes les ambitions sur l'autel de la patrie.

Pauvre et chère patrie ! chacun pense à soi et bien peu à elle.

Quant à la fusion des deux branches, je n'ai jamais partagé la confiance commune, et j'ai toujours regardé cette fusion comme dangereuse autant qu'impossible.

Il paraît impossible de confondre les droits factices de l'escamotage et de l'usurpation avec des droits sacrés, fondés sur le temps et la volonté nationale, qui pendant des siècles a consacré dans son intérêt le droit héréditaire et légitime.

Le représentant de ce principe n'est point un prétendant. Il ne demande rien pour lui ; il ne songe qu'à la France, et ne veut rien devoir qu'à elle. Si une fois, pour répondre à toutes les calomnies, il a fait entendre sa voix, jamais paroles plus rassurantes et aussi consolantes ne pouvaient venir plus à propos.

Quand le temps aura permis aux passions de se calmer, tous les partis comprendront qu'il n'y a de salut pour eux, et de garantie pour tous les intérêts que dans cette voie qui vient de lui être offerte.

Poussant l'abnégation jusqu'aux dernières limites, M. de Chambord n'a pas voulu repousser une réunion des deux branches, que le pays semblait désirer.

Cette concession si grande, c'est la branche aînée qui l'a faite, et la branche cadette l'a repoussée.

Le fait est maintenant avéré. Faute immense dont la France comprendra toute la portée ; et que maintenant il n'est plus temps ni possible de réparer.

Est-ce un mal, est ce un bien ?

Permis à chacun de conserver son opinion personnelle ; mais sur le fait actuel, il n'y a pas de divergence possible. La comparaison entre la conduite tenue par les deux branches en dit assez.

J'ai suffisamment expliqué dans mes précédents articles les fruits empoisonnés de l'usurpation.

L'histoire est là pour attester les bienfaits incontestables de la transmission légitime du pouvoir.

Comment admettre que ces deux idées se fondent en une seule ? J'avoue humblement que je ne l'ai jamais compris.

Comment reconnaître des droits à peu près égaux aux princes qui représentent ces deux idées ?

J'aurais compris, d'un côté, l'oubli du passé, ce qui certes eût été généreux ; mais de l'autre soumission pleine, entière et sans conditions aucunes.

La branche cadette n'a pas senti sa position ; et son refus obstiné l'a fortement compromise, en prouvant que les intérêts de la France ne font pas taire dans son esprit les intérêts particuliers.

Pauvres princes ! je les plains sincèrement. Ils ne manqueront jamais de courtisans, de flatteurs ; mais combien comptent-ils de véritables amis? On craint de leur dire la vérité, et c'est elle pourtant qui pouvait les sauver.

En les poussant vers un trône impossible, dans les conditions données, on les a conduits vers un abîme.

Enfin aujourd'hui tout est fini; et il n'est plus possible de consentir à être dupes, en songeant encore à cette *fusion* princière.

Le terrain se trouve déblayé; et, quant à moi, je suis assez disposé à regretter que la proposition Creton n'ait pas passé.

C'est le président de la République qui aurait pu seul la redouter, si on lui suppose des vues ambitieuses; mais, d'un autre côté, comme c'eût été possible et probable, un prince d'Orléans, montant la garde à la porte de l'Elysée, n'eût été pour personne un concurrent bien redoutable.

Si je ne demande pour l'avenir aucune proscription, j'avoue que je redoute pour le présent des concessions dangereuses.

Je ne demande point pour le moment la révision de la constitution. Je m'y attache aujourd'hui, telle qu'elle est, *et pour cause.*

La seule et première chose qui, avant tout, me paraîtrait désirable, ce serait une loi d'élection qui étendît le suffrage, afin de ne pas enlever au pays un droit aussi légitime que celui de contribuer à élire ceux qui l'imposent.

Mais chaque chose a son temps, et nous ne sommes pas loin de 1852.

Dieu veuille que ce ne soit pas l'état de confusion où nous jetteront l'ambition persévérante et la folie de tous les partis qui puisse seulement, en dessillant tous les yeux, nous forcer à nous jeter dans le seul port de salut que l'avenir nous réserve !

Pourquoi faut-il que la triste expérience du passé n'ait pas suffi à éclairer les peuples !

Nation généreuse que tous les partis écrasent après l'avoir flattée, et à laquelle la légitimité peut seule rendre ses libertés, sa grandeur, ses richesses et son indépendance, en consacrant et reconnaissant des droits qui sont une condition forcée de sa propre existence. Toutes les expériences ont été faites pour le malheur et la ruine du pays.

C'est par cette nation française et pour elle seule, que M. le comte de Chambord veut rentrer dans cette France qu'il adore, si les intérêts bien entendus de tous les partis l'y rappellent. Sa seule ambition est de fermer les plaies du passé, en se faisant chérir également de tous les Français. Il n'y a pas de rancune dans ce cœur Royal, il n'y a que de l'amour.

Partisans d'une liberté sage, vous ne pouvez l'obtenir qu'à ce prix.

Soutiens du pouvoir ! je vous défie d'en fonder un qui soit durable sans l'hérédité. — L'hérédité ne peut être solide que lorsqu'elle est légitime.

La Rochefoucauld, duc de Doudeauville.

www.ingramcontent.com/pod-product-compliance
Lightning Source LLC
LaVergne TN
LVHW010108230826
846091LV00005B/2147

* 9 7 8 2 0 1 1 7 8 7 6 3 7 *